RAPPORT

SUR LE TABLEAU

DES DIALECTES DE L'ALGÉRIE

ET DES CONTRÉES VOISINES,

Lu à l'Académie des Inscriptions et Belles-Lettres.

RAPPORT

SUR LE TABLEAU

DES DIALECTES DE L'ALGÉRIE

ET DES CONTRÉES VOISINES

DE M. GESLIN,

Lu à l'Académie des Inscriptions et Belles-Lettres,
dans ses séances des 14 et 19 mars,

PAR M. REINAUD,

MEMBRE DE L'INSTITUT,
PROFESSEUR D'ARABE LITTÉRAL A L'ÉCOLE DES LANGUES ORIENTALES,
CONSERVATEUR DES MANUSCRITS ORIENTAUX
DE LA BIBLIOTHÈQUE IMPÉRIALE,
PRÉSIDENT DE LA SOCIÉTÉ ASIATIQUE, ETC.

PARIS
TYPOGRAPHIE PANCKOUCKE
Quai Voltaire, 13

1856

RAPPORT

SUR LE TABLEAU

DES DIALECTES DE L'ALGÉRIE

ET DES CONTRÉES VOISINES

DE M. GESLIN,

Lu à l'Académie des Inscriptions et Belles-Lettres, dans ses séances des 14 et 19 mars (1).

En 1788, il vint à Paris deux Africains, originaires des provinces du sud-ouest de l'empire de Maroc, sur les bords de l'océan Atlantique. Il n'est pas rare de voir arriver de ces contrées reculées en France des hommes qui se font remarquer sur nos théâtres par leur force et leur adresse ; ces hommes, en général, appartiennent à la race indigène, à une race établie depuis un temps immémorial dans le pays, et qui occupe toute la partie septentrionale de l'Afrique. Le langage qu'ils parlent est un dialecte de la langue que nous appelons maintenant du nom général de *berbère ;* de plus, ils font ordinairement usage de la langue arabe, qui leur est indispensable pour se mettre en rapport avec les tribus asiatiques répandues sur tout le sol de l'Afrique septentrionale, ainsi qu'avec les officiers du gouvernement marocain, dont le chef rattache son origine au prophète même des Arabes.

A cette époque, le secrétaire interprète du roi pour les

(1) Ce rapport a été demandé par M. le maréchal, ministre de la guerre. La commission nommée à cet effet par l'Académie, se composait de MM. Jomard, de Saulcy, Mohl, Caussin de Perceval, Adolphe Regnier et de M. Reinaud, *rapporteur.*

langues orientales était l'honorable Venture, qui, quelques années après, fut choisi par le général Bonaparte pour remplir les fonctions d'interprète en chef de l'armée d'Orient, et qui termina le cours de ses services et de sa vie au siége de Saint-Jean-d'Acre. Venture eut, par suite des devoirs de sa charge, de fréquentes visites à recevoir des deux Africains, avec lesquels il lui était libre de converser en arabe ; la pensée lui vint de profiter de cette circonstance pour acquérir une idée de la langue des Berbers ; malheureusement, ces hommes, qui ne savaient ni lire ni écrire dans aucune langue, étaient hors d'état de lui fournir la moindre explication grammaticale. Venture commença par écrire, sous leur dictée, les mots berbers les plus usuels ; ensuite il se fit prononcer quelques courtes phrases, à l'aide desquelles il essaya d'établir le système des déclinaisons et des conjugaisons.

Deux ou trois mois s'étaient écoulés depuis que Venture se livrait à ce travail pénible, lorsqu'il fut envoyé par le gouvernement à Alger, pour coopérer au succès d'une négociation qui intéressait le commerce français.

Comme son séjour se prolongeait dans la régence, il chercha une occasion de se mettre en rapport avec les indigènes, qui de tout temps ont afflué dans les villes un peu considérables de la côte : les uns y viennent pour s'exercer à l'étude de l'arabe et se mettre en état de remplir des fonctions religieuses et judiciaires parmi leurs compatriotes ; la plupart n'ont pas d'autre ambition que de gagner leur vie en se livrant à des travaux serviles. Venture fit la connaissance de deux jeunes gens qui étudiaient la théologie musulmane, et qui étaient nés sur les bords du Sebaou, à l'orient d'Alger, parmi les populations qui, aujourd'hui, résistent avec le plus d'opiniâtreté à la domination française. Quelle ne fut pas sa joie lorsqu'il reconnut que le langage maternel des deux étudiants s'accordait, pour le fond, avec celui des deux aventuriers marocains ! Pendant près d'un an, il ne s'écoula pas de jour sans que les étudiants vinssent passer une ou deux heures chez lui : ce fut ainsi qu'il parvint à composer une grammaire et un vocabulaire berbers.

Venture mourut sans avoir rien publié. Après sa mort, ses papiers entrèrent à la Bibliothèque impériale, et Langlès inséra quelques fragments de la grammaire et du vocabulaire à la suite de sa traduction française de la relation des voyages de Hornemann. Ces fragments attirèrent l'attention du monde savant, et dès ce moment les philologues purent aborder certaines hautes questions qui, pour la plupart, sont encore pendantes. Il paraît positif que la langue que nous appelons du nom général de *berber*, constitue le fond des divers idiomes qui se parlent depuis la mer Méditerranée jusqu'au fleuve nommé vulgairement Niger, et depuis l'océan Atlantique jusqu'à la vallée du Nil. Il paraît encore certain que le berber est une continuation plus ou moins fidèle d'une langue qui, sous les dénominations de libyque, de numide et de gétule, fut jadis parlée dans tout le nord de l'Afrique, et qui, lorsqu'une colonie phénicienne eut fondé Carthage, se maintint dans Carthage même, à côté du punique (1). Hérodote applique la dénomination de Libye à toute l'Afrique septentrionale, et paraît croire que, dans cette vaste contrée, en s'avançant jusqu'au pays des nègres, on ne parlait qu'une seule et même langue (2). Voilà pourquoi les savants de nos jours ont donné le nom de *libyque* aux nscriptions antiques répandues dans le nord de l'Afrique, quand elles ne sont ni puniques, ni grecques, ni latines. Mais est-il vrai, ainsi que le croient quelques philologues de nos jours et ainsi que l'ont affirmé plusieurs écrivains arabes du moyen âge, que le berber appartienne à la famille des langues sémitiques (3)? A-t-il du moins des affinités sensibles avec l'ancien égyptien, représenté aujourd'hui par le cofte? D'un autre côté, quels sont ses rapports de ressem-

---

(1) Virgile et d'autres écrivains de l'antiquité ont donné aux Carthaginois l'épithète de *Tyrii bilingues;* mais ce fut à cause de la réputation de duplicité que s'étaient faite les Carthaginois, et non pas, comme le croient quelques savants de nos jours, à l'occasion d'une double langue parlée dans Carthage.

(2) Hérodote, liv. II, chap. 32; liv. IV, chap. 181 et suiv., et chap. 197.

(3) Un Anglais, M. F. W. Newman, a trouvé une si grande analogie entre le berber et les langues sémitiques, qu'il n'a pas cru pouvoir mieux caractériser la race berbère qu'en lui donnant l'épithète de *Syro-Arabe.* M. Newman a inséré un mémoire à ce sujet à la fin du quatrième volume du grand ouvrage de Prichard, intitulé *Researches into the physical history of Mankind.*

blance et de dissemblance avec les idiomes des populations nègres établies entre les tropiques, et avec le langage des Gallas, qui pressent l'Abyssinie du côté du sud (1)? Enfin quelle a été la part d'influence exercée successivement sur le langage indigène par les Carthaginois, les Grecs, les Romains, les Vandales, et surtout par les Arabes, dont la langue et la religion pèsent depuis douze siècles sur toute la région occupée par les peuplades de race berbère?

En 1829, M. Hodgson, alors vice-consul des Etats-Unis à Alger, recueillit un certain nombre de mots usités à l'orient d'Alger, chez les indigènes du territoire de Bougie; et à cette occasion il rapprocha du berber certaines dénominations employées chez les anciens Egyptiens et parmi les populations actuelles de l'intérieur de l'Afrique (2).

Après la conquête d'Alger par la France, M. Honorat Delaporte, secrétaire interprète de l'intendance civile d'Alger, profita de ses rapports journaliers avec les indigènes des diverses provinces de l'Algérie pour rédiger un court vocabulaire berber, accompagné de quelques phrases familières. Ce vocabulaire fut inséré dans le *Journal asiatique de Paris* (3).

Dès 1826, M. Frédéric Cailliaud plaçait à la fin du premier volume de la relation de son *Voyage à Méroé* un vocabulaire des mots qu'il avait recueillis à Syouah, l'ancienne oasis d'Ammon, sur la frontière occidentale de l'Egypte. Des listes analogues furent successivement rassemblées par le général prussien Minutoli, et par un ancien élève de l'école des langues orientales de Paris, qui en ce moment occupe un poste important auprès du vice-roi d'Egypte, M. Kœnig. M. Jomard,

(1) Le même M. Newman a cru reconnaître de nombreuses analogies entre le galla et le berber; et quelques philologues anglais penchent à regarder les Gallas comme servant de lien entre les Berbers et les populations de race sémitique de l'Ethiopie. Voy. l'ouvrage de Prichard, intitulé *The Natural History of man*, édition revue et augmentée par M. Norris; Londres, 1855, t. I, p. 318 et suiv.

(2) Voir le tome IV des *Transactions of the American philosophical society*, nouvelle série. Depuis cette époque, M. Hodgson a repris son sujet et en a agrandi le cadre, dans ses *Notes on Northern Africa, the Sahara and Soudan*. New-York, 1844, in-8°.

(3) Année 1836, cahier de février.

en 1839, publia la liste de M. Kœnig dans le *Recueil des mémoires de la Société de géographie de Paris,* et prit occasion de là pour rattacher au berber l'idiome parlé à Syouah et dans l'oasis d'Audjela, située dans le voisinage (1).

Pendant que M. Jomard rédigeait ses observations sur le dialecte berber usité à l'orient de l'Afrique, M. Delaporte père, alors consul de France à Mogador, sur les bords de l'océan Atlantique, se livrait à une étude attentive du berber, tel qu'on le parle à l'Occident; c'était celui-là même qui d'abord avait attiré l'attention de Venture. Les tribus berbères de l'empire de Maroc portent le nom particulier de *Cheleuh*, et, bien que remplies de zèle pour les dogmes de l'islamisme, elles restent fidèles à leur idiome propre. M. Delaporte ne se contenta pas de recueillir des listes de mots; il remonta aux principes de la langue, et mit par écrit les observations que ses études et ses relations avec les personnes lettrées du pays le mettaient à même de faire. Il eut même un bonheur qui ne paraît pas s'être renouvelé depuis : ce fut de se procurer quelques traités rédigés en berber; ces traités et les remarques manuscrites de M. Delaporte se trouvent maintenant à la Bibliothèque impériale.

Du reste, M. Delaporte a pris la peine de placer entre les mains du public, par la voie de la lithographie, un échantillon de la littérature berbère de l'empire de Maroc; c'est un cahier contenant deux dialogues et un petit poëme intitulé : *Saby, ou le dévouement filial.* Saby est le nom d'un Berber qui avait appris l'arabe et s'était nourri de la lecture des meilleurs traités de la religion musulmane; de plus, il avait toujours mené une vie exemplaire. A ces divers titres, il mérita à sa mort d'être admis dans le séjour des élus; mais en posant le pied sur le seuil du paradis, il songea à son père et à sa mère, dont le sort avait été bien différent : son père, bien loin de vivre en bon musulman, s'était déshonoré

---

(1) Tome IV du *Recueil de la Société de géographie*, pag. 129 et 159. Une circonstance à remarquer, c'est qu'Hérodote, qui paraît si bien instruit des choses de l'Afrique de son temps, n'a pas classé les habitants de l'oasis d'Ammon parmi les Libyens. Il fait des Ammoniens (liv. II, chap. 42) une colonie d'Egyptiens et d'Ethiopiens, et il ajoute que leur langue participait de celles de ces deux peuples.

par toutes sortes de crimes ; sa mère avait également affiché la vie la plus scandaleuse. Saby demanda à aller visiter son père et sa mère au fond des enfers , et quand il les vit ainsi relégués au dernier degré de la honte et du malheur, il adressa à Dieu des prières si ferventes, qu'il obtint de pouvoir les emmener avec lui dans le ciel. Presque tous les habitants de Mogador, hommes et femmes, savent ce poëme par cœur, et les indigènes ne peuvent pas l'entendre réciter sans en être attendris jusqu'aux larmes.

Depuis longtemps la science réclamait la publication intégrale de la grammaire et du vocabulaire de Venture. Malheureusement, le manuscrit de la grammaire, qui consiste en quelques feuillets de grand format qu'on avait pliés en quatre, s'était égaré, et on le crut longtemps perdu. L'auteur de ce rapport l'ayant retrouvé pendant qu'il mettait en ordre les acquisitions récentes du cabinet des manuscrits orientaux de la Bibliothèque impériale, la Société de géographie, qui ne néglige aucune occasion de favoriser les progrès de sa science de prédilection, s'empressa de le faire imprimer. La grammaire et le vocabulaire parurent ensemble en 1844.

La même année vit paraître, sous les auspices du ministère de la guerre, un dictionnaire consacré au dialecte qui se parle dans la province de Bougie. La plus grande partie des matériaux qui sont entrés dans ce dictionnaire avait été fournie par un cadi de Bougie, d'origine berbère, appelé Sidi-Ahmed.

La diversité qui se fait remarquer dans le langage des populations berbères n'a rien qui doive étonner. Ce qui maintient l'unité dans une langue répandue sur une vaste étendue de pays, c'est un code religieux imposé à toute la nation, ou bien un recueil littéraire accepté comme dépôt des traditions nationales. Rien de semblable n'existe chez les Berbers.

Nous avons dit que les Berbers de l'empire de Maroc portent le nom de *Cheleuh*. Le langage des tribus qui habitent la chaîne de montagnes située au midi de Constantine est appelé *Chaouia*. Un dialecte particulier est parlé par les Mozabites, établis au midi d'Alger, à une distance d'environ 150 lieues. De plus, la plupart des tribus berbères de l'Algérie, de la régence de Tunis et de l'empire de Maroc sont comprises sous la dénomination générale de *Cabyle*. Ce mot, qui est le synonyme de *tribu*, est arabe, et s'écrit au pluriel *Cabayle*. Pourquoi a-t-on eu recours à un mot arabe pour désigner des populations indigènes, et cela dans un pays où il y a des peuplades d'une race vraiment arabe? Diverses opinions ont été émises à cet égard. C'est, ce nous semble, parce que ces populations se trouvant, à cause de leur proximité de la mer, dans des relations plus étroites avec les envahisseurs venus de l'Asie, et se piquant d'ailleurs d'un zèle plus fervent pour l'islamisme, ont mérité d'être ainsi distinguées de leurs frères de l'intérieur, qui souvent ne sont musulmans que de nom.

Les tribus berbères établies au midi de l'Algérie et de la partie de l'empire de Maroc qui est située au sud-est sont connues sous le nom de *Touarig*; ces peuplades occupent toute la contrée qui s'étend depuis nos possessions du nord de l'Afrique jusqu'au pays des noirs. L'idiome qu'elles parlent, et qui paraît se subdiviser lui-même en plusieurs dialectes, est peut-être le plus intéressant de tous pour les philologues, en ce que, par l'éloignement des contrées où il est usité, il a été moins exposé à l'influence étrangère. Au point de vue politique, il est du plus grand intérêt pour la France, parce que les hommes qui le parlent tiennent pour ainsi dire dans leurs mains les clefs du *Takrour*, c'est-à-dire du pays de l'or.

Le nom des Touarigs apparaît pour la première fois au 16e siècle, dans la relation de Léon l'Africain, sous la forme *Targa*, singulier du pluriel *Touarig*. Depuis la fin du dernier siècle, l'attention de l'Europe s'est portée sur eux, à cause de ce qu'en ont dit les voyageurs qui ont pénétré dans l'intérieur du continent africain.

Ce n'est pas d'aujourd'hui que les Touarigs et les Berbers, en général, ont mérité de trouver place dans l'histoire de la France et de l'Europe. Les Touarigs se rattachent à la tribu des Sanhadjas, et les Sanhadjas forment une des grandes ramifications de la race berbère. Le principal siége des Sanhadjas est au midi de l'empire de Maroc, du côté de l'océan Atlantique. Ces sauvages se sont, à diverses époques, étendus au sud et au nord. Du côté du sud, ils se sont répandus sur les bords du fleuve du Sénégal; et comme ils furent les premiers à être remarqués de nos navigateurs, lorsque ceux-ci se montrèrent dans ces parages, le pays en reçut le nom de *Senega* ou *Zenega*, mot qui fut converti plus tard en *Sénégal*. Maintenant ils se partagent la contrée avec les tribus de race arabe : l'une et l'autre race sont comprises sous la dénomination générale de Maures, expression qui sert à les distinguer des populations nègres du Sénégal ; mais les deux langues sont prononcées d'une manière assez distincte pour que les personnes compétentes soient en état de les comprendre (1).

A une époque antérieure, pendant le huitième siècle de l'ère chrétienne et pendant les siècles qui suivirent, les Berbers prirent une grande part aux invasions faites par les disciples de Mahomet en Espagne, en Italie, en France et en Suisse. Des faits analogues se renouvelèrent pour les conquêtes faites par les Arabes dans d'autres contrées. Comment en effet les rares habitants des sables de l'Arabie auraient-ils suffi pour couvrir à la fois la meilleure partie de l'ancien monde (2) ? La variété des idiomes que parlaient les envahisseurs n'est pas une des moindres causes de l'embarras et de la confusion qui se font remarquer dans le récit des écrivains contemporains.

Mais la période la plus glorieuse pour les Sanhadjas en particulier, c'est le 11e siècle, époque où ces sauvages étant

---

(1) On peut lire les détails intéressants que M. Faidherbe, commandant du génie à Saint-Louis, et aujourd'hui gouverneur du Sénégal, a consignés dans un mémoire intitulé *les Berbères et les Arabes des bords du Sénégal* (*Bulletin de la Société de géographie*, mois de février de l'année 1854, page 35). Postérieurement à la lecture de ce rapport, il a été publié dans *le Moniteur universel* du 11 mai 1856, un rapport très-instructif de M. Faidherbe sur une expédition entreprise par ce gouverneur dans la région des Maures Trarzas, population établie sur la rive droite du Sénégal, et qui se compose à la fois d'Arabes et de Berbers.

(2) Voyez à ce sujet l'ouvrage du rédacteur de ce rapport, intitulé *Invasions des Sarrasins en France, et de France en Savoie, en Piémont et dans la Suisse*. Paris, 1836, page 232 et ailleurs. Pour l'Italie méridionale et la Sicile, on peut consulter l'ouvrage que M. Michel Amari publie sous le titre de *Storia dei musulmani di Sicilia*. Florence, in-8°. Des trois volumes qui composent cet ouvrage, il n'a encore paru que le tome Ier.

devenus de zélés musulmans et se laissant conduire par des chefs habiles, subjuguèrent l'ancienne Mauritanie et fondèrent la ville de Marock.

Ils ne tardèrent pas à traverser le détroit de Gibraltar, et coururent sans s'arrêter jusqu'au pied des Pyrénées. La rapidité de leurs conquêtes causa une telle impression en Europe, que le faux archevêque Turpin, qui écrivait quelques années après sa Chronique fabuleuse du règne de Charlemagne, ne crut pas pouvoir trouver ailleurs un tableau plus saisissant des guerres entreprises par les Sarrasins contre les Etats du grand empereur. Transportant au règne de Charlemagne le mouvement des Sanhadjas, lequel eut lieu trois cents ans après, sous les princes Almoravides, il fait avancer les Africains, sous le commandement de leur chef Agolant, sur les terres de la Gascogne. Plus tard, le divin Arioste, enchérissant sur les exagérations de Turpin, conduit les Africains, sous la conduite d'Agramant, fils d'Agolant, jusque sous les murs de Paris. Ce qui est conforme à l'histoire, c'est que les Sanhadjas, non contents de régner sur les provinces de Marok et dans la plus grande partie de l'Espagne, donnèrent des princes à Bougie et à d'autres villes de l'Algérie.

Les souvenirs qui s'attachent au rôle joué jadis par les Berbers et celui qu'ils peuvent jouer aujourd'hui, tout concourt à exciter l'intérêt. Les tribus qui sont enclavées dans l'empire de Maroc, dans la régence de Tunis et dans nos possessions du nord de l'Afrique, sont isolées les unes des autres et ne peuvent exercer qu'une influence secondaire; mais il n'en est pas de même des Touarigs, que leur position met à l'abri de nos coups, et qui sont maîtres des passages du côté du pays des nègres.

Le pays des Touarigs est tantôt sablonneux et tantôt montagneux. Là où il y a un cours d'eau, il se forme une population sédentaire, et le sol est livré à la culture; là où il n'y a pas d'eau, les habitants mènent la vie nomade. Le centre du pays est occupé par un vaste plateau appelé du nom de *Haggar*. Les principaux lieux qui ont été signalés par les voyageurs sont les oasis de Touat, à l'ouest, celles de Ghat à l'est, et celles d'Ahir au sud-est. La province d'Ahir a pour capitale la ville d'Agadez, qui compte une douzaine de mille âmes. Cette ville aurait occupé jadis une place bien plus considérable si, comme le pensait le major Rennel, elle répond à la cité dont les géographes arabes parlent longuement sous le nom d'*Audagast* (1). Comme cette vaste région a été peu exposée aux invasions étrangères, son aspect est resté à peu près conforme au tableau qu'Hérodote a tracé de l'intérieur de l'Afrique (2). Une partie de la population est livrée à la culture du sol; une autre partie vit de l'élève du bétail et du produit de la chasse; quelques-uns servent de guides aux caravanes qui ne pourraient pas s'engager d'elles-mêmes dans une contrée où l'on est exposé à faire 100 lieues sans trouver une goutte d'eau; d'autres mendient ou se livrent au brigandage. On voit même quelquefois les tribus se faire la guerre les unes aux autres.

Cependant toutes les relations s'accordent à représenter les Touarigs et les Berbers en général comme étant d'une nature supérieure à celle des nations voisines. Les Berbers ont un caractère hospitalier et ne repoussent pas la bonne foi. C'est au point qu'un vieillard touarig, parlant à un voyageur anglais, s'écriait: « Assurément nous avons une origine commune (3). « Les femmes surtout se font remarquer par un caractère ouvert et serviable; il est vrai que la polygamie n'est guère pratiquée chez les peuples de race berbère et que les femmes y jouissent de plus de liberté qu'ailleurs. Elles sortent la tête découverte et peuvent s'abandonner aux bons instincts de leur sexe.

La députation envoyée récemment par les Touarigs au gouverneur général de l'Algérie est une preuve de l'ascendant que le nom français prend dans l'intérieur du continent africain. C'est de plus pour le Gouvernement un avertissement sur la politique qu'il a à suivre. De quel intérêt

---

(1) Voy. la traduction française de la *Géographie* d'Aboulféda, par le rédacteur de ce rapport, pag. 174 et suiv. et pag. 190.

(2) Heeren est entré à ce sujet dans des développements curieux, dans son grand ouvrage intitulé *Ideen*, traduction française, tome IV, pag. 213 et suiv.

(3) Il s'agit ici du docteur Oudney. Voyez l'ouvrage intitulé: *Voyages et découvertes dans le nord et dans les parties centrales de l'Afrique*, par Denham, Clapperton et Oudney, traduction d'Eyriès et de la Renaudière. Paris, 1826, t. I, p. 72.

n'est-il pas pour la France d'attirer sur son territoire le mouvement qui de tout temps a amené de l'intérieur, sur les bords de la mer Méditerranée, l'or en grain ou en poudre, et qui a introduit des côtes de la mer dans l'intérieur les produits des pays civilisés? Au moyen âge, les caravanes qui apportaient du pays des nègres l'or et les esclaves venaient ordinairement déposer leur cargaison à Constantine, à Bougie et à Tlemsen. A cette époque, Alger n'était qu'une réunion d'îlots habités par quelques familles berbères qui reconnaissaient l'autorité du prince de Bougie (1). Plus tard, lorsque le calme eut disparu de la Régence, les caravanes parties de l'intérieur prirent la coutume de se détourner, soit à l'est du côté de Tunis et de Tripoli, soit à l'ouest vers les provinces de l'empire de Maroc. Maintenant que le nom d'Alger retentit au loin, c'est vers Alger qu'il s'agit de faire converger les caravanes. A l'intérêt du commerce se joint l'intérêt de la science. N'est-il pas digne du Gouvernement de la France de profiter des avantages qui lui sont faits, pour pousser à la solution des questions qui s'agitaient déjà au temps de Didon et de Sésostris?

Toutes les personnes qui ont du goût pour les études géographiques et pour la philologie, qui en est l'auxiliaire indispensable, connaissent les services rendus récemment par des voyageurs intrépides qui n'ont pas craint d'exposer leur vie pour reculer les bornes de nos connaissances. Il suffit de prononcer les noms des Anglais, le major Laing, le capitaine Lyon, le docteur Oudney, James Richardson, ainsi que celui du docteur allemand Barth, qui vient d'échapper comme par miracle à l'influence d'un climat meurtrier et aux embûches d'une population barbare. La France, à côté de ces noms illustres et d'autres noms que nous passons pour abréger, n'a à placer que le nom de René Caillié, qui, à la vérité, eut le mérite de faire le premier, parmi les Européens, le trajet du Sénégal à l'empire de Maroc, en passant par Tombouctou; mais elle peut citer M. le général Daumas, qui, bien qu'il ne se soit jamais engagé au milieu des solitudes de l'Afrique, a su, à l'aide de renseignements puisés à de

(1) Traduction française de la Géographie d'Aboulféda, pages 175, 177 et 191.

bonnes sources et sagement élaborés, jeter une lumière nouvelle sur le Sahara algérien et le Grand Désert (1). Il est juste de faire aussi mention de M. d'Avezac, qui, sans avoir mis le pied sur le sol africain, est parvenu à résoudre plus d'une question jusque-là restée inabordable (2).

Sur ces entrefaites il s'est produit un fait qui mérite d'être rappelé. En 1822, le docteur Oudney, se rendant de Morzouk, l'ancien pays des Garamantes, dans l'oasis de Ghat, remarqua en divers endroits des caractères gravés sur les rochers ; comme ces caractères n'avaient pas encore été signalés, Oudney ne sut pas d'abord à quoi il fallait les rapporter ; mais une partie de ces inscriptions lui ayant été expliquées par les indigènes, il reconnut que ceux-ci avaient, concurremment avec l'arabe, une écriture particulière à leur usage (3). En 1845, le lieutenant-colonel d'artillerie M. Boissonnet, alors directeur des affaires arabes de la province de Constantine, entendit parler d'une écriture qui, sous le nom de tifinag, était employée chez les habitants de l'oasis de Touat, sur les frontières de l'empire de Maroc ; douze lettres de l'alphabet tifinag lui ayant été communiquées, elles se trouvèrent d'accord avec celles qui avaient été dessinées par Oudney.

Depuis cette époque, ces mêmes caractères, ou du moins des signes analogues, ont été successivement remarqués par Richardson dans l'oasis de Ghadamès, par M. Vattier de Bour-

---

(1) Voyez les deux ouvrages de M. le général Daumas, intitulés, l'un *le Sahara algérien*, Paris, 1845 ; et l'autre, *le Grand Désert*, Paris, 1848. Les cartes qui accompagnent ces volumes ont reçu des améliorations dans la carte qui est jointe au tableau de la situation de l'Algérie, publié par le ministère de la guerre en 1853.

(2) En ce qui concerne l'objet spécial de ce rapport, voyez la *note* de M. d'Avezac *sur les documents recueillis jusqu'à ce jour pour l'étude de la langue berbère, et sur divers manuscrits anciens dans cette langue, qu'il importe de rechercher.* (Bulletin de la Société de géographie, du mois d'octobre 1840, pag. 223 à 239). M. d'Avezac donne dans ce mémoire la liste des diverses publications relatives à la langue berbère qui avaient été faites jusqu'à cette époque.

(3) *Voyages et découvertes dans le nord de l'Afrique*, par Denham, Clapperton et Oudney, tome Ier de la traduction française, — Introduction.

ville, à Benghazy, dans la Cyrénaïque (1), etc. Or, à la première inspection de ces caractères, M. de Saulcy fut frappé de leur ressemblance avec ceux d'une inscription libyque qui a été signalée depuis plus de deux siècles, et qui est gravée, à côté d'une inscription punique, sur un mausolée situé à Thougga, à deux ou trois journées au midi des ruines de Carthage (2). De tous ces faits, l'on a été en droit d'induire : 1° que l'écriture touarig est usitée parmi toutes les peuplades berbères de l'Afrique, chez qui les Arabes ne sont point parvenus à effacer les dernières traces de la civilisation indigène ; 2° que cette même écriture est une continuation plus ou moins fidèle de l'écriture employée jadis sur les bords de la mer Méditerranée, chez les Libyens, les Gétules et les Numides. On a pu y voir encore une nouvelle preuve de l'identité du berber avec l'ancien libyque (3).

En ce moment, grâce à l'extension de la domination française en Algérie du côté du sud, et grâce à l'impulsion qui a été donnée par le Gouvernement à toutes les branches du service local, les études qui tiennent à la philologie et à la géographie en général, sont suivies dans nos possessions d'Afrique avec plus d'ardeur que jamais. Parmi les personnes qui montrent le plus de zèle, on remarque des militaires

(1) On peut consulter, à ce sujet, dans le *Bulletin de la Société de géographie* : 1° les instructions rédigées par M. Jomard, au nom de l'Académie des inscriptions, pour le voyage d'exploration en Afrique de M. Prax (cahier du mois de mars 1847, page 171) ; 2° la lettre de M. Prax, qui avait découvert deux objets portant des caractères libyques récemment écrits (cahier du mois d'août 1847, page 83); 3° la lettre de M. Vattier de Bourville (cahier du mois de septembre 1848, page 172 et suiv.). On trouvera ces trois documents réunis dans le *Recueil des Mémoires de l'Académie des inscriptions*, tome XVI, 1re partie, page 54 et suiv.

(2) *Voy.* 1° Gesenius, *scripturæ linguæque phœniciæ monumenta quotquot supersunt*, Leipsig, 1837, pages 183 et 455 ; 2° *Journal asiatique* du mois de mai 1847, page 455 (note de M. A. Judas, sur l'alphabet tifinag, avec une lettre écrite en arabe par un Berber, et la traduction de cette lettre par le rédacteur de ce rapport); 3° *Journal asiatique* du mois de mars 1849, page 247 (Mémoire de M. de Saulcy sur l'alphabet tifinag).

(3) M. Judas a publié un ouvrage spécial intitulé *Etude démonstrative de la langue phénicienne et de la langue libyque*. Paris, 1847, in-4°, avec planches.

qui, initiés de bonne heure aux spéculations de la science, sont en état de manier à la fois la plume et l'épée. M. le baron de Slane, interprète principal de l'armée d'Afrique, met la dernière main à sa traduction de l'histoire arabe des Berbers, par Ibn-Khaldoun, et, en même temps, il travaille à un tableau des origines des Berbers, considérés sous les rapports ethnographique, philologique et historique. D'un autre côté, un capitaine du génie, M. Hânoteau, attaché au bureau arabe d'Alger, rédige une grammaire du langage des populations du Djurdjura, au sud-est d'Alger, et M. le colonel de Neveu, chef du bureau politique des affaires arabes de la province d'Alger, rassemble les éléments d'un vocabulaire touarig.

Mais les travaux entrepris jusqu'ici ont eu le défaut d'être partiels, et de n'envisager la question que sous une de ses faces. S'il y a eu des philologues qui ont essayé d'aborder le sujet dans son ensemble, ils paraissent l'avoir fait d'une manière prématurée, et avant qu'ils eussent à leur disposition tous les éléments indispensables. Plusieurs dialectes berbers n'ont pas encore passé sous le contrôle d'un examen critique ; d'autres ont été exposés d'une manière incomplète et même inexacte. Souvent un voyageur n'entend pas bien ce qu'on lui dit ; quelquefois le mot qu'on lui donne pour l'équivalent d'un autre mot, ne signifie pas tout à fait la même chose. Enfin, il a dû arriver plus d'une fois qu'un homme d'ailleurs consciencieux, en étudiant les mots et les formes d'un dialecte, y a fait entrer, sans s'en rendre bien compte, les mots et les formes d'un autre dialecte.

Une grande tâche a été entreprise par M. Ch. V. Geslin, ancien élève de l'école vétérinaire d'Alfort, et maintenant employé au bureau arabe de Laghouat, ville située au midi d'Alger, à une distance de plus de cent lieues : c'est le tableau des dialectes du nord-ouest de l'Afrique, depuis les régences de Tunis et de Tripoli jusqu'à l'océan Atlantique, depuis la Méditerranée jusqu'au pays des Nègres. M. Geslin ne s'est pas borné aux dialectes berbers ; il a embrassé dans son travail les idiomes des peuplades voisines, qui, bien que n'appartenant pas à la race berbère, en ont subi plus ou moins l'influence.

M. Geslin fut envoyé il y a quelques années en Afrique,

pour diriger le haras de Laghouat. A l'instruction spéciale qu'il a reçue en France, il joint la connaissance de la minéralogie et de la botanique ; c'est du reste un homme dans la force de l'âge et plein d'ardeur pour le travail. A son arrivée dans le pays, il se livra à l'étude de l'arabe, afin de se mettre en rapport direct avec les hommes lettrés indigènes, qui tous sont familiarisés avec la langue du Coran. En effet, le langage des anciens nomades de l'Arabie, dont ni les Grecs ni les Romains ne soupçonnèrent jamais les futures destinées, est devenu la langue commune de la plus grande partie du continent africain, et son usage, bien loin de s'arrêter, semble s'étendre plus que jamais. La langue arabe est la compagne inséparable de la religion musulmane, et l'islamisme s'avance de plus en plus vers le sud, sur toute la largeur de l'Afrique, depuis la Sénégambie jusque dans le Zanguebar. On dirait que l'esprit du mahométisme veut reconquérir de ce côté, ce qu'il perd chaque jour dans les pays placés en face de la civilisation européenne. La connaissance de l'arabe permit à M. Geslin de nouer des relations avec les hommes de l'intérieur du continent qui viennent à Laghouat, les uns pour leurs opérations de commerce, quelques-uns pour aller s'embarquer à Alger et se rendre de la en Egypte, afin de faire le pèlerinage de la Mekke, le plus grand nombre pour servir comme soldats ou comme domestiques.

Voilà comment M. Geslin fut amené à faire de la philologie son occupation principale. Il fut favorisé dans ses efforts par M. le colonel du Barrail, commandant supérieur de la province de Laghouat, et qui lui-même n'est pas étranger aux recherches scientifiques. Non-seulement M. Geslin trouva auprès de l'administration locale des facilités particulières, mais il obtînt d'accompagner le commandant dans les expéditions que celui-ci entreprenait pour le service de la France. Ce fut ainsi qu'il put explorer les oasis de Touggourt, de Souf, etc. Ses investigations s'étendirent jusqu'au-delà des limites du pays des Touarigs. Il se procura des renseignements sur les Tibbous, qui habitent à l'orient du pays des Touarigs, et qui, issus d'une race différente, sont presque toujours en guerre avec eux. A l'aide d'un domestique de M. du Barrail, et d'un autre indigène, qu'il contrôlait l'un par l'autre, il put aussi étudier la langue des

Haoussa, qui est usitée sur une grande partie des bords du Niger. Il put même recueillir un vocabulaire des mots de la langue parlée par les Nègres du Bornou, à l'occident du lac de Tchad.

L'été dernier, M. Geslin adressa à M. le gouverneur général de l'Algérie les résultats de ses recherches et les fruits de ses méditations ; le tout formait quinze cahiers plus ou moins considérables. Ces cahiers furent envoyés par M. le gouverneur général à M. le maréchal ministre de la guerre, qui a cru devoir les soumettre à l'examen de l'Académie. Les cahiers que l'Académie a reçus ne sont qu'au nombre de neuf ; les autres ont été retenus par l'auteur, qui, apparemment, avait quelque chose à y ajouter. Cette circonstance aurait mis la commission nommée par l'Académie hors d'état d'émettre une opinion parfaitement motivée, si les cahiers qui ont été placés sous ses yeux, n'avaient été accompagnés d'un rapport de M. de Slane, rédigé d'après l'ensemble du travail. Le rapport de M. de Slane est satisfaisant, et a suppléé aux documents qui manquaient à la commission.

Voici l'indication des matières dont se compose l'envoi de M. Geslin, et qui forment l'objet d'autant de traités différents.

1°. Grammaire du dialecte parlé par les At-Ferah, tribu berbère qui habite auprès de la ville de Miliana, au sud-ouest d'Alger.

2° Dictionnaire du dialecte des At-Ferah ;

3° Tableau des origines et des mœurs des Berbers-Mozabites ;

4° Vocabulaire français-mozabite ;

5° Description de la région habitée par les Touarigs ; notice des diverses tribus touarigs, avec l'indication de la contrée occupée par chacune d'elles ; mœurs et usages de ce peuple ;

6° Essai de grammaire du dialecte touarig de la province d'Agadez ;

7° Echantillon de la littérature touarig ; quelques contes, quelques chansons, quelques prières ;

8° Quatre Vocabulaires touarigs, pour autant de dialectes différents ;

9° Analyse grammaticale d'un certain nombre de mots touarigs ;

10° Un court chapitre sur les Tibbous ;

11° Une grammaire et un vocabulaire haoussa ;

12° Un vocabulaire bornou.

On voit que la plus grande partie de ces morceaux ont trait au peuple et au langage des Touarigs ; c'est, en effet, la portion du sujet qui laissait le plus à désirer sous le point de vue de la science, et qui, au point de vue de la politique française, réclamait les plus prompts renseignements. M. Geslin s'accorde avec les auteurs de relations de voyage sur le caractère moral des Berbers et sur celui des Touarigs en particulier. Sans doute on remarque parmi eux des hommes vicieux et qui ne reculent devant aucune mauvaise action ; mais la masse est honorable et susceptible d'élévation dans les idées. Ce qui a le plus frappé M. Geslin, c'est que les Touarigs paraissent avoir le sentiment de la place égale que les hommes en général occupent devant Dieu, et de la sympathie que nous devons tous professer les uns pour les autres, à quelque nation que nous appartenions. Ce sentiment perce dans les prières qu'ils adressent au ciel, et M. Geslin ne connaît pas d'autre manière d'expliquer un fait si inattendu, qu'en disant qu'à une certaine époque, le christianisme fit sentir sa bienfaisante influence jusque dans ces régions si peu accessibles. En effet, combien de contrées, en Afrique et ailleurs, où domine aujourd'hui la loi de Mahomet, et où l'on remarque encore des restes d'églises et d'autres vestiges de la loi chrétienne !

Quelques-uns des sujets qui ont été traités par M. Geslin se rapportent à des populations qui n'ont pas un intérêt direct pour la France : tels sont les cahiers consacrés aux Tibbous, aux Haoussa et aux habitants du Bornou.

M. Geslin n'a voulu laisser échapper aucune occasion d'accroître la masse de ses connaissances. D'ailleurs il est parti de l'idée qu'à mesure que nos communications avec l'intérieur du continent africain s'étendront, nous aurons à établir des relations avec ces diverses peuplades. Par exemple, le haoussa se parle dans une grande partie du pays des nègres, depuis Tonboktou jusqu'à Bornou, et il est devenu la langue commerciale de toutes les contrées voisines. On peut ajouter que la connaissance de ces idiomes n'est pas sans intérêt pour l'étude des dialectes berbères eux-mêmes. Suivant M. Geslin, il résulte des faits recueillis jusqu'ici que la langue berbère ne finit pas entièrement avec le pays des Touarigs, du côté du sud, mais que son influence se continue au delà, jusqu'à ce que la grande distance en fait disparaître les dernières traces. Mais ces recherches successives étendent le champ d'une manière démesurée ; un inconvénient grave, c'est que les observations de la nature de celles de M. Geslin gagneraient beaucoup à être vérifiées et contrôlées sur les lieux mêmes; or comment se porter chez un si grand nombre de nations, surtout chez des nations aussi lointaines ?

Les traités rédigés par M. Geslin ne sont pas tous dans un état parfaitement satisfaisant; quelques-uns paraissent susceptibles d'être remaniés. Il reste d'ailleurs certains dialectes berbers qui ne se sont pas encore offerts à son attention; mais il faut voir ici la pensée qui a dirigé l'auteur, et la manière dont elle a été mise à exécution. Or la pensée est sérieuse, et les imperfections de détail qui se sont révélées dans l'exécution n'en détruisent pas les avantages. Etudier chaque dialecte en particulier, abstraction faite des dialectes parlés ailleurs, rassembler tous les mots usités dans un pays au moment où l'on tient la plume, marquer les diverses formes sous lesquelles chaque terme se présente; reproduire ensuite ces mots dans des phrases empruntées au langage vivant, et enfin tracer le tableau des phases par lesquelles ces expressions sont susceptibles de passer, avec l'indication des règles qui président à chacune de ces opérations, voilà, certes, une entreprise laborieuse et qui peut être féconde en résultats.

Depuis les commencements du siècle, les savants d'Europe qui ont essayé de débrouiller les origines berbères se sont, en général, trop pressés de conclure du particulier au général; quelquefois une forme isolée, une forme qui n'était pas même d'une parfaite exactitude, a suffi pour faire trancher les difficultés les plus ardues, pour établir des affinités entre des peuples et des idiomes qui n'ont jamais rien eu de commun, ou bien pour séparer des choses qui étaient faites pour rester ensemble. Il est à désirer que M. Geslin ne se hâte pas trop de tirer les dernières conséquences des faits qu'il a rassemblés (1).

La philologie berbère n'est pas à beaucoup près aussi avancée que celle de certaines familles de langues. Qui ne connaît le grand ouvrage de M. Bopp sur la grammaire comparée des langues indo-européennes, celui des frères Grimm sur les dialectes germaniques, et celui de feu Raynouard sur les idiomes néo-latins? Le moment n'est pas encore venu de mettre à exécution un plan du même genre pour les idiomes africains. Il se prépare en Angleterre, en Allemagne et ailleurs des grammaires et des vocabulaires sur un ou plusieurs des dialectes qui ont été l'objet des recherches de M. Geslin; il y a plus : on a vu qu'en Algérie même des Français se livraient à des études analogues. Avec l'impulsion donnée, il y a lieu d'espérer que d'ici à un petit nombre d'années, le sujet, dans son ensemble, aura reçu une lumière nouvelle. Mais, pour le moment, M. Geslin fera mieux de se borner à publier les faits tels qu'ils se seront présentés à lui, en dehors des théories qui se sont déjà fait jour, et de celles qui ne peuvent manquer de se produire; sauf à lui à revenir plus tard sur le même sujet et à communiquer au public ses vues particulières. Il est également préférable que M. Geslin sorte le moins possible du vaste champ qu'offre la philologie berbère, champ pour lequel sa position personnelle le sert de la manière la plus heureuse.

Rien n'indique, dans les cahiers qui ont passé sous les yeux de la commission, que M. Geslin ait découvert dans les lieux qu'il a explorés, les moindres vestiges d'inscriptions antiques, notamment des inscriptions libyques. Il ne paraît pas non plus avoir eu connaissance, par voie indirecte, soit d'inscriptions antiques, soit d'objets modernes quelconques chargés de ces caractères touarigs qu'on appelle Tifinag. La commission renvoie à cet égard M. Geslin aux instructions qui furent rédigées en 1847, par M. Jomard, au nom de l'Académie, pour le voyage de M. Prax, instructions qui ont conservé toute leur utilité.

---

(1) Le champ que M. Geslin a entrepris d'exploiter est indépendant de celui qui fait l'objet d'un volume grand in-folio, lequel a été publié à Londres en 1854, sous le titre de *Polyglotta africana, a comparative vocabulary of nearly three hundred words and*

Il reste un point à éclaircir : la langue arabe a joué un grand rôle dans les recherches qui ont été entreprises par M. Geslin ; c'est par l'arabe qu'il s'est mis en rapport avec les indigènes, tant avec ceux du centre de l'Afrique qu'avec ceux de l'Algérie ; c'est en arabe que lui ont été communiqués les divers renseignements qu'il a rassemblés sur les dialectes berbers et les autres idiomes africains. Dans les cahiers qui ont été soumis à l'examen de la commission, les contes, les prières, et, en général, tous les mots indigènes qui reviennent sous la plume de M. Geslin, sont transcrits en caractères français : la chose ne pouvait pas être autrement. Nous avons dit que les Berbers avaient une écriture particulière à leur usage ; mais cette écriture est d'une application peu fréquente ; d'ailleurs, elle paraît varier suivant les pays : c'est l'alphabet arabe qui sert d'alphabet commun.

Mais M. Geslin ne s'est pas borné aux transcriptions en ca-

---

phrases, in more than one hundred distinct african languages, avec une introduction où se trouvent consignés des renseignements géographiques intéressants, notamment une collection d'itinéraires, et avec une carte de M. Auguste Petermann, indiquant l'emplacement des peuples qui parlent les langues mentionnées dans le recueil. Cet ouvrage, consacré spécialement à la race nègre, commence à peu près là où finit le champ exploité par M. Geslin, c'est-à-dire au tropique du Cancer, et se termine au tropique du Capricorne. L'auteur est un membre de la société des missionnaires protestants, le révérend Sigismond W. Koelle, qui a exercé pendant plusieurs années son ministère dans les provinces les plus chaudes du continent africain. La même année, M. Koelle a publié trois volumes in-8°, à savoir : 1° une grammaire du langage des nègres Kanure établis dans le royaume du Bornou, au midi du lac de Tchad (*Grammar of the Bornu or Kanuri language*) ; 2° un recueil consacré à la littérature Kanuri, sous le titre de *African native literature*, et renfermant des proverbes, des contes, des fables et des fragments historiques ; 3° une grammaire du langage vei, lequel est parlé sur les bords de l'océan Atlantique, aux environs de la colonie de Sierra-Leone ; le titre est *Outlines of a grammar of the vei language*, avec un vocabulaire vei-anglais. La même année, M. Norris, qui n'a pas été étranger aux publications précédentes, a fait imprimer, à Londres, une grammaire du langage des tribus foulah qui habitent aux environs du lac de Tchad ; cette grammaire, composée par le révérend Macbrair, a été enrichie de quelques additions par l'éditeur.

ractères français : il y a joint ordinairement une transcription arabe, et même quelquefois une version dans la langue de Mahomet. Aussi l'arabe occupe une place considérable dans les cahiers de M. Geslin. Probablement la pensée de M. Geslin aura été de conserver par devers lui la forme même dans laquelle les renseignements qu'il a reçus des indigènes lui étaient parvenus : c'était afin d'avoir toujours sous la main un moyen de contrôle pour son propre travail. En effet, comme il le dit lui-même quelque part, l'écriture arabe est peu commode pour une transcription quelconque. En arabe, on ne marque pas les voyelles, et les consonnes sont loin de suffire pour exprimer tous les genres d'articulations. A l'égard des versions arabes, elles sont rédigées dans le patois qui a cours dans l'intérieur de l'Afrique, patois où rien ne rappelle la régularité qui distingue le style du Coran. La reproduction entière des transcriptions et des versions arabes occuperait une place qui paraît pouvoir être mieux employée.

Mais un court échantillon du patois arabe de l'intérieur de l'Afrique pourrait avoir son utilité ; de plus, il est des circonstances où une transcription arabe est loin d'être indifférente : par exemple, dans les vocabulaires et les dictionnaires.

L'influence de la langue arabe sur les dialectes berbers a varié suivant les contrées; cela a dépendu du plus ou moins d'action exercé par les croyances de l'islamisme et la politique des gouvernements ; mais probablement il n'y a aucun dialecte berber qui n'ait subi quelque altération. Souvent un mot berber est remplacé par un mot arabe ; quelquefois le mot berber reçoit seulement une modification, de manière à se rapprocher de la langue des vainqueurs. Dans ces sortes de cas, il est parfois très-difficile de reconnaître la présence de l'arabe. En effet, depuis la conquête de l'Algérie par la France, quelques Européens, par une idée singulière, ont mis en usage pour certaines lettres de l'alphabet arabe, un mode de transcription différent de celui qui avait été employé jusqu'à présent. Il est résulté de là que plusieurs dénominations arabes qui nous étaient devenues familières, ne sont plus reconnaissables quand elles nous arrivent d'Afrique. Par exemple, l'oasis de Ghat, dont il a été parlé plus haut, est appelée *Raat*. En pareil cas, c'est l'écriture arabe qui, pour les personnes compétentes, dissipe le plus sûrement toutes les incertitudes.

En résumé, la commission est d'avis que M. Geslin, en se chargeant d'une si vaste tâche, a fait preuve de zèle et d'intelligence, et mérite d'être encouragé. Il a à relever successivement les mots des dialectes berbers qui ont jusqu'ici échappé à ses recherches ; il a, autant que possible, à vérifier et contrôler sur les lieux mêmes les notes qu'il aura recueillies de seconde main. A cet égard, la commission s'en rapporte à l'esprit libéral du Gouvernement, et au zèle éclairé dont M. le maréchal ministre de la guerre donne chaque jour des preuves.

EXTRAITS DU MONITEUR UNIVERSEL
des 7 et 8 août 1856.

www.ingramcontent.com/pod-product-compliance
Ingram Content Group UK Ltd.
Pitfield, Milton Keynes, MK11 3LW, UK
UKHW020235180726
13838UKWH00005B/2386